明け方によくジャングルジムを
登っている

テレビの裏にいるのが好きで、
ドラマのストーリーに詳しい

好きな食べ物は毛糸。1年で
マフラー1本分くらい食べる

気分によって体の色や模様を
変えることができる

触ると、体からメロンの
においのガスを出す

ごっこ遊び大集合

なりきって遊んじゃおう！

著 山本和子 + あさいかなえ

チャイルド本社

はじめに

この本にはごっこ遊びの種がどっさり詰まっています。
子どもたちといっしょに見て、やってみたい冒険を決めるのもいいですね！
この本の中でいちばん私がやってみたいのは「スパイごっこ」。
なんといってもかっこいい！　憧れのアタッシュケースを手に、
「秘密のディスクを探す」や「倒してあるつみきを立てる」など、
なにげないことをミッションにするだけできっとワクワクです。
暗号作りや変装のほか、「悪の組織に見つからないように！」
ということにすれば、いつものかくれんぼまでが
ちょっと楽しくなりそうです。

❀ 山本和子 ❀

この本に出てくるなりきり衣装は、どれも簡単にできて、
なりきり気分が盛り上がるものばかり。
私がやってみたいのは、「宇宙人ごっこ」です。
どんな素材を使ってどんな形になっても、宇宙人なんだから
「アリ」ですよね。「ぐにゃぐにゃ星から来た宇宙人」とか、
「なんでも逆さまの星から来た宇宙人」とか、設定を変えれば、
なん度も遊べそう。宇宙パーティーのごちそうも、
地球じゃありえない奇抜な色や形が使えるので、
作り手の腕の見せどころですよ！

❀ あさいかなえ ❀

なりきって遊んじゃおう！ ごっこ遊び大集合 もくじ

はじめに 3
この本の使い方 6

海賊ごっこ
大航海へ出かけよう！ 8

騎士とお姫さまごっこ
西洋のお城の冒険！ 12

妖怪ごっこ
妖怪屋敷でドッキリ！ 16

昆虫博士ごっこ
昆虫ランドでドキドキ！ 20

スパイごっこ
ミッションを果たせ！ 24

サンタさんごっこ
サンタランドでお手伝い 28

宇宙飛行士ごっこ

宇宙へ出発！ 32
　宇宙人図鑑 36
　宇宙でパーティー 38

探検ごっこ

地底探検に出かけよう！ 40
　地底で宝探しゲーム 44
　発展遊び 46

タイムマシンごっこ

いろんな時代に行ってみよう 48
　未来の世界へ行こう！ 50
　原始時代へ行こう！ 52
　江戸時代の町へ行こう！ 53
　発展遊び 54

魔法使いごっこ

魔法学校へようこそ！ 56
　1時間目　工作 58
　2時間目　運動 60
　3時間目　言葉遊び 61
　4時間目　科学遊び 62
　5時間目　手品 63
　魔法学校〜劇ごっこ 64

この本の使い方

「海賊になって、宝探しに行ってみたい!」
「宇宙人とお話ししてみたい……」
「未来に行ってみたいな〜」
こんな楽しい空想から、ごっこ遊びは始まります。

この本は、ごっこ遊びのアイデアをたくさん提案している本です。
身の回りのものを利用してちょっとしたアイテムを作ったり、ゲームの要素を盛り込んだりすることで、ごっこ遊びはぐっとパワーアップします。例えば、簡単なベストを着るだけで探検家気分になれますし、ゲームにすることで繰り返し遊ぶ楽しみが生まれます。
もちろん、この内容だけにしばられることはありません。子どものアイデアもどんどんとり入れ、自由にアレンジしてみましょう。

遊びの導入に使えるミニストーリー
遊びに入る前に、簡単に話したり、言葉かけのヒントになります。

なりきりアイテムでスタート！

小道具があるだけで広がる遊びの世界
相手役や小道具があることで遊びが発展します。
子どもたちといっしょに、楽しみながら作りましょう。

簡単な衣装でなりきり度アップ！
カラーポリ袋や工作用紙など手軽な素材で作れます。

↓

遊びのバリエーションを紹介

想像が広がる遊びをしたり……

ゲーム性をとり入れてみたり……

空想の世界を表現してみたり……

ここがポイント！

ごっこ遊びは、大人の言葉かけ次第でどんどん広がりが生まれる遊びです。ポイントを押さえながら、言葉かけしていきましょう。

ごっこ遊びのきっかけづくり

まず、「その世界に誘う」言葉かけをしてみます。

- 地面の下ってどうなっているのかな？探検に行ってみたいと思わない？
- 宇宙人っているのかな？いるなら会ってみたいね！
- ねえねえ、みんなはスパイって知ってる？

イメージを具体的にする

遊びが始まったら、「その世界が見えてくるような」言葉かけにしていきます。

- その島には、なにがいるのかな？
- なに色のきのこなの？
- 宇宙人は、どんなあいさつをしているんだろうね？

特に、「どんな○○？」のように、空想を具体的な言葉にして表現する言葉かけを重ねることで、ぼんやりとしていたイメージが、輪郭を帯びて具体的に見えてくるようになります。言葉のキャッチボールも楽しめますよ。

「すごくこわいもの」が

- 「どんな色してるの？」➡「茶色なの」
- 「どんな形してる？」➡「目が大きくて、手が長い怪物！」
- 「どんなところに住んでるの？」➡「たぶん、海」

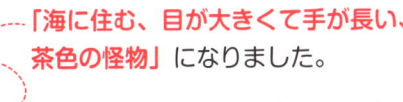

「海に住む、目が大きくて手が長い、茶色の怪物」になりました。

きっとそこから、怪物を退治するイメージや、怪物から逃げるイメージも生まれてくるはずです。そうなれば、ごっこ遊びはもっと広がっていくのです。

なん度も遊べる工夫を！

せっかく始まったごっこ遊び。1回だけではもったいない、ぜひ繰り返し遊んで十分遊びつくしてほしいものです。そのためには……

- 少しずつゲームの難易度を上げていく
- 隠す場所を変えるなど、変化をつける
- 敵役などに役割を交代する
- 異年齢交流するなど、メンバーを代える
- 室内から室外に遊ぶ場を変える
- 劇ごっこに発展させ、発表会などに利用する

などの工夫が有効です。

さあ、みんなでごっこ遊びを楽しみましょう！

7

作ってみよう！

海賊船

マスト

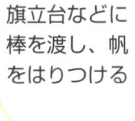

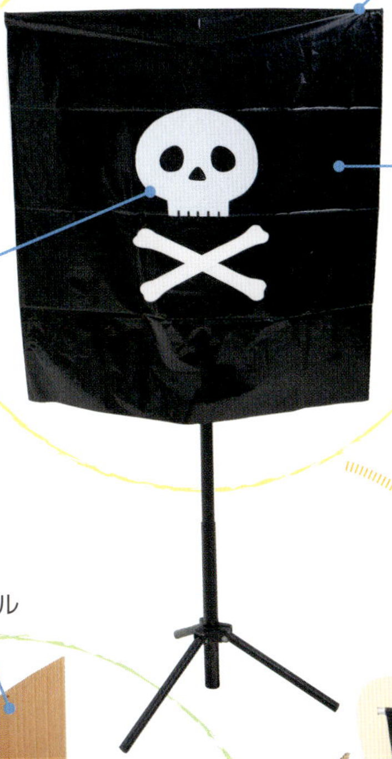

- 旗立台などに棒を渡し、帆をはりつける
- ポリ袋（黒）
- 画用紙を切り取って作ったドクロマークをはる

サメのひれ

- 段ボールにカラーポリ袋（青）をはる
- ひも

舵

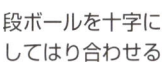

- 段ボールを十字にしてはり合わせる
- ねじった広告紙を輪にして、クラフトテープを巻きつける
- 中心にボンドで棒をつけ、ガムテープで補強する
- 輪ゴムで固定する

船

- 段ボール

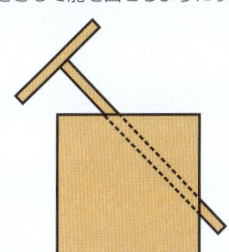

段ボールに穴を開け、斜めに棒をさして舵を回せるようにする

完成！

海賊ごっこ ▶ スタート

海賊船に乗り込んで、さあ、いよいよ冒険の始まり！
「準備はいいかーい？」など、海賊になりきれる言葉かけをしてみましょう。

出発！

宝を探しに行くぞ〜！

船長！サメがいます！

波はエアパッキン（青）

地図を作ろう！

- 自分の考えた宝島の地図を作ってみよう！
- みんなで大きな地図を作り上げるのも楽しい。
- 地図は、島の内部の地図でもいいけれど、海の部分を大きくとって、航海をメインにした地図でもOK！
- 地図を4分割にして、部屋の中に隠し、地図探しから物語を始めてみても楽しい！

騎士とお姫さまごっこ
～西洋のお城の冒険！～

正義の剣を手にした騎士は、お姫さまを助けに、ガイコツ騎士の城へかけつけました。敵の投げる石をたたき落とし、謎の印を見つけて、お姫さまを牢屋から救い出せ！

正義の騎士

- 段ボールにアルミホイルを巻く
- カップ麺の容器をアルミホイルでくるみ、耳当てなどの飾りをつける
- 工作用紙（銀色）

- ビニールテープ（黄色）
- 段ボールにアルミホイルを巻いて胸当てを作る
- アルミホイル
- カラーポリ袋（灰色）を切って上着を作る
- 不織布（赤）でマントを作る
- アルミホイルで段ボールを巻き、盾の模様をモールやカラーセロハンで作る
- アルミホイル

お姫さま

- シール
- 工作用紙（金色）でティアラを作る
- レース（古カーテンなど）でベールを作る
- カラーポリ袋（ピンク）でドレスを作る
- カラーポリ袋のベルト
- カラーポリ袋のスカーフ
- 腰回りに合わせてギャザーを寄せてとめる

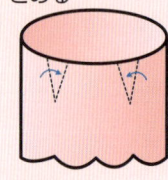

裾を切る

オリエンテーリングで遊ぼう！

ガイコツ騎士の城で、カードを5枚見つけたら、騎士の勝ち！冒険は終了。カードはいろいろなところに隠しておこう。

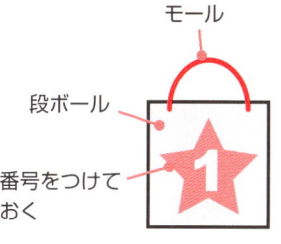

- モール
- 段ボール
- 番号をつけておく

最初は5枚程度にして、10枚、20枚とレベルアップしていきましょう。遊びながら数を覚える機会にもなります。

マットを丸めたものを飛び越えよう！

いざ、姫を助け出すぞ〜！

川があるぞ！どうする？

スタート

川や山があるイメージで、よりスリリングに！

無事でよかった！

お姫さまを無事助け出しました

ありがとう

夏にオススメ！

外で水鉄砲を使って戦ってみよう！

15

作ってみよう!

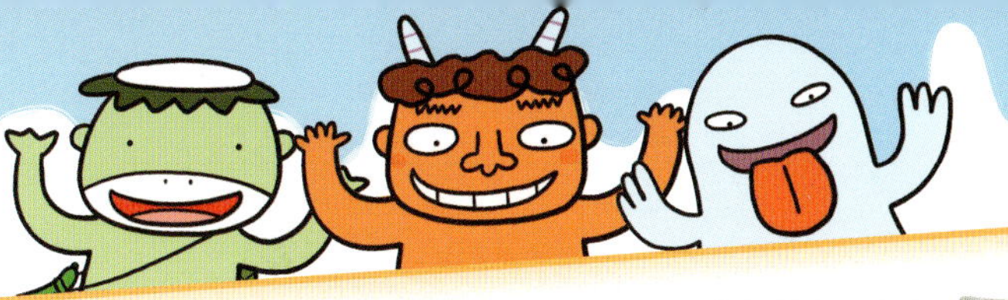

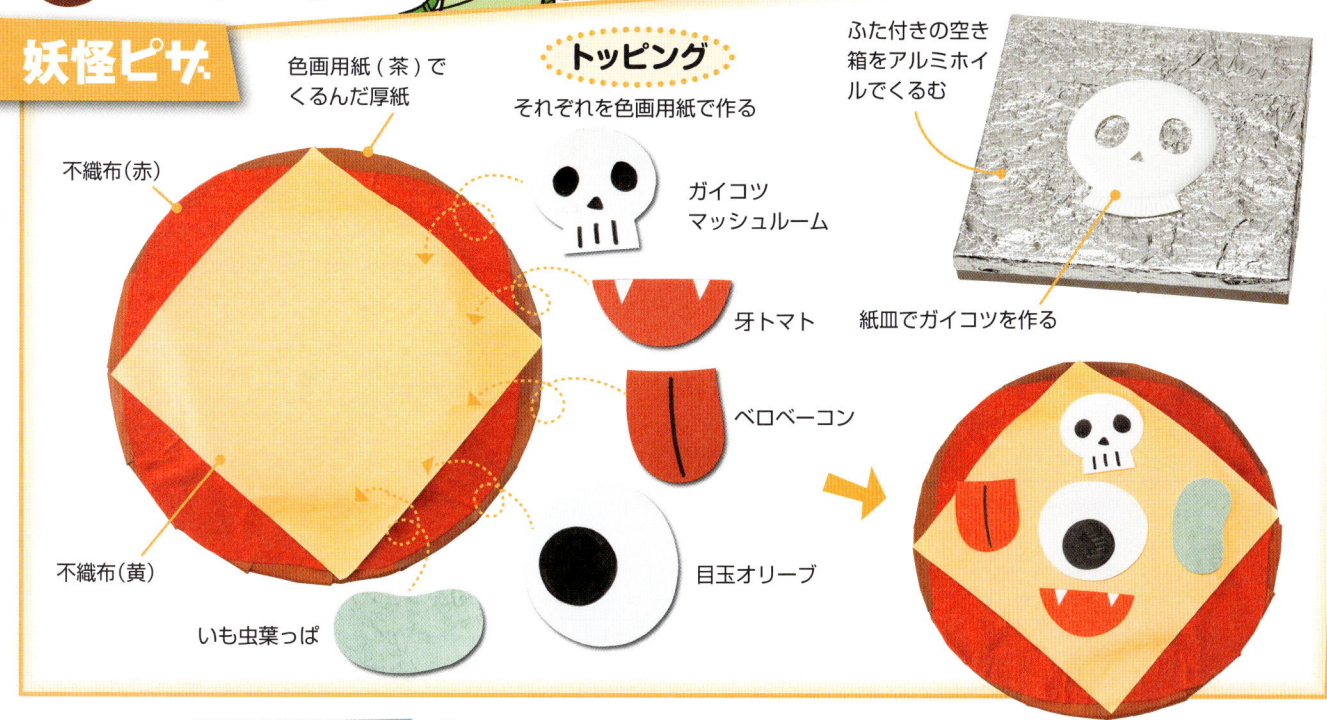

妖怪ピザ

- 色画用紙(茶)でくるんだ厚紙
- 不織布(赤)
- 不織布(黄)
- いも虫葉っぱ

トッピング
それぞれを色画用紙で作る
- ガイコツマッシュルーム
- 牙トマト
- ベロベーコン
- 目玉オリーブ

ふた付きの空き箱をアルミホイルでくるむ
紙皿でガイコツを作る

妖怪マネー

ピザの代金は妖怪マネーで支払おう

妖怪たち

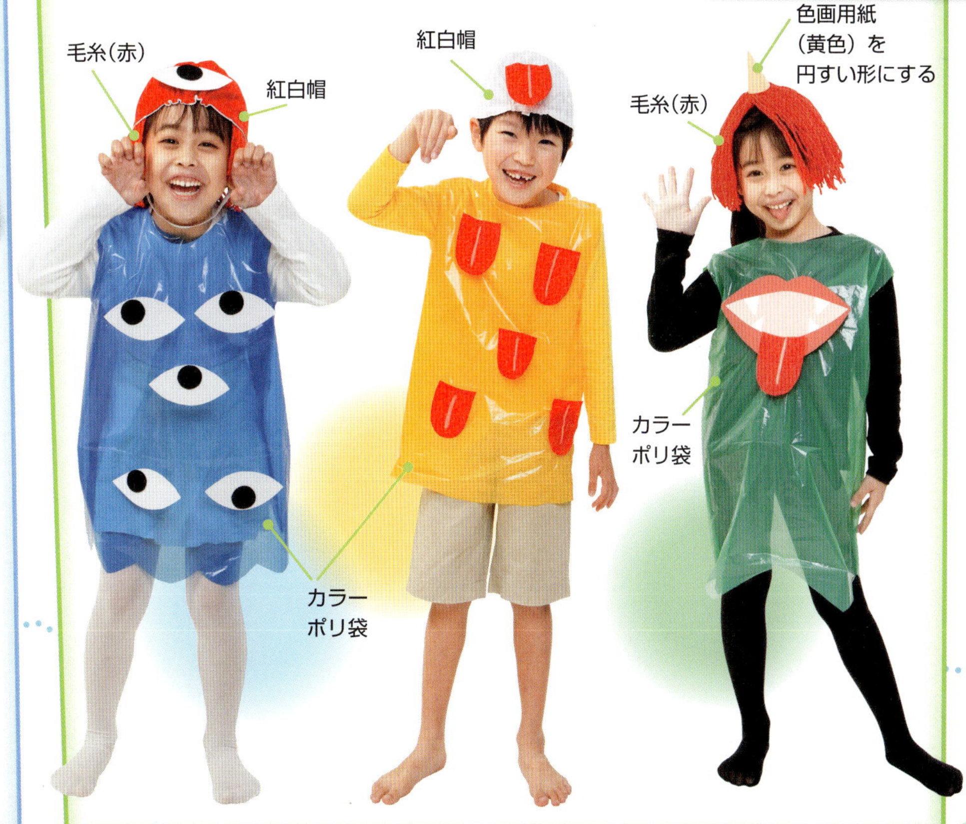

- 毛糸(赤)
- 紅白帽
- 紅白帽
- 色画用紙(黄色)を円すい形にする
- 毛糸(赤)
- カラーポリ袋
- カラーポリ袋

17

妖怪ごっこ ▶ スタート

ピザ屋さんが、妖怪屋敷にピザを届けに来ました。この妖怪屋敷は迷路のようになっていますが、ピザをかっぱまで届けることでゲームは終了になります。

作ってみよう！ いろいろな素材でオリジナル昆虫を作ろう　昆虫

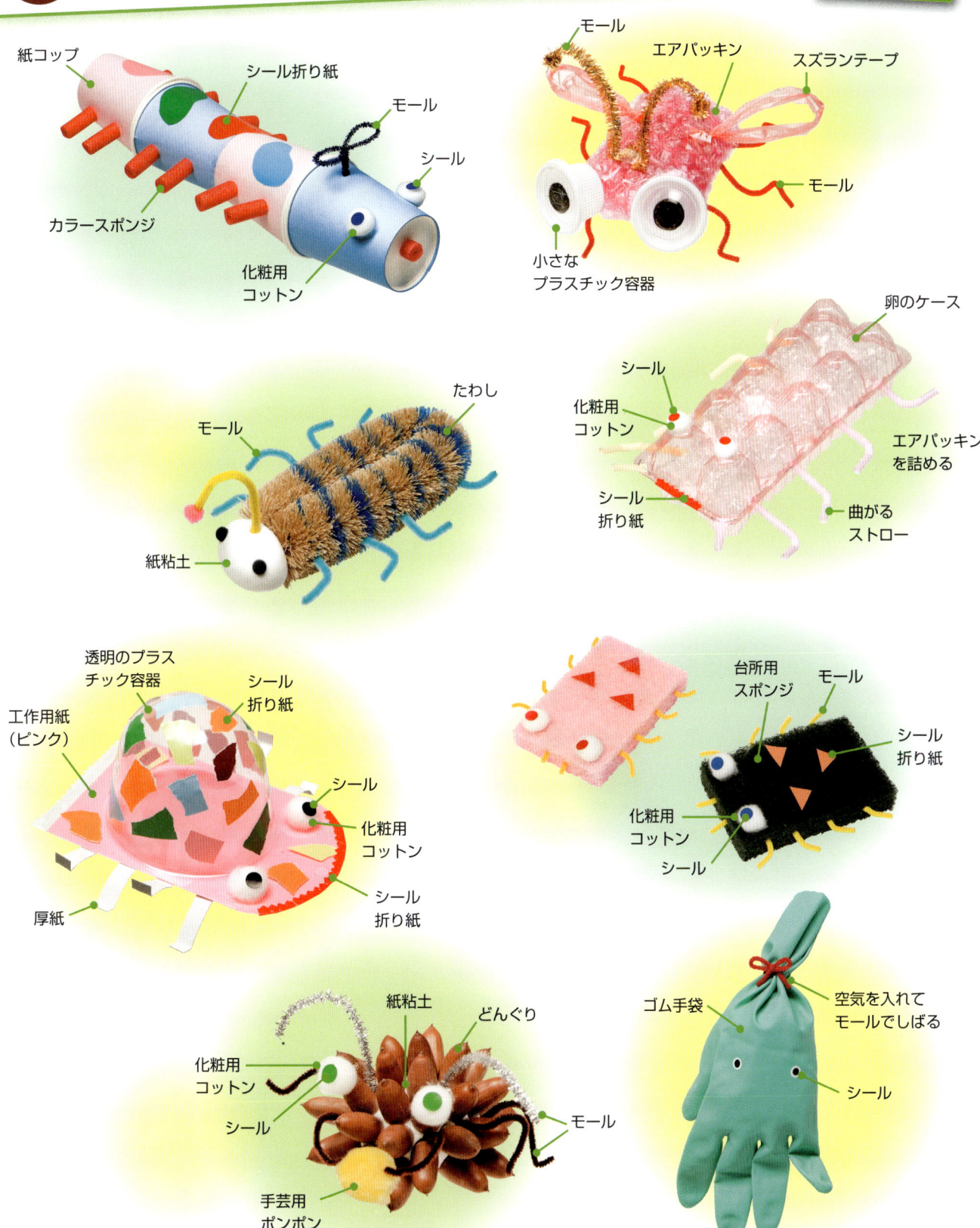

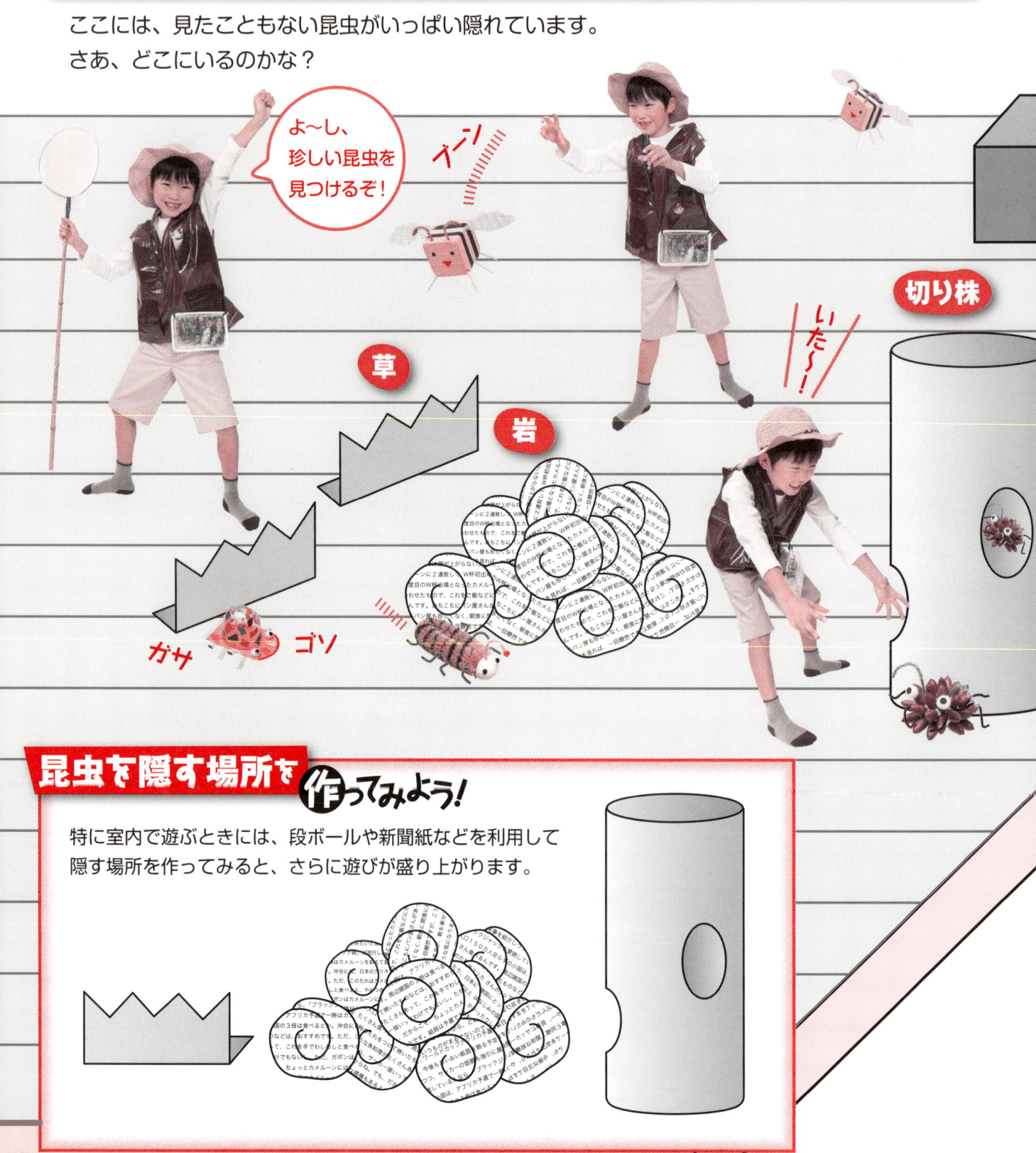

作ってみよう！

ピストル

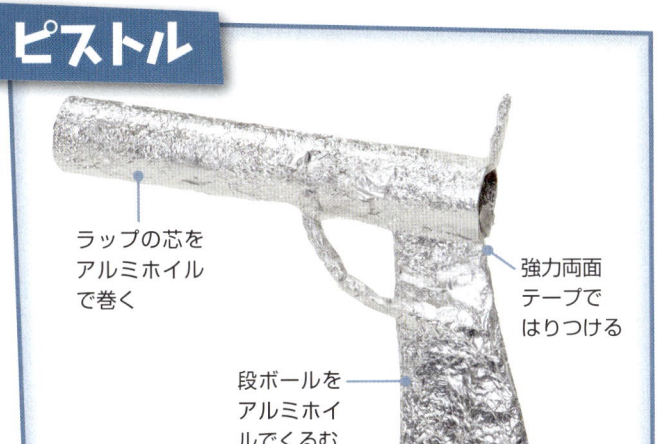

- ラップの芯をアルミホイルで巻く
- 強力両面テープではりつける
- 段ボールをアルミホイルでくるむ

通信機

- カラー片段ボール
- モール
- 中央を割りピンでとめて、針が動くようにする
- 画用紙
- モールを引っ張り出すと、カードに「どっかーん！」「せいこう」などのせりふが書いてある

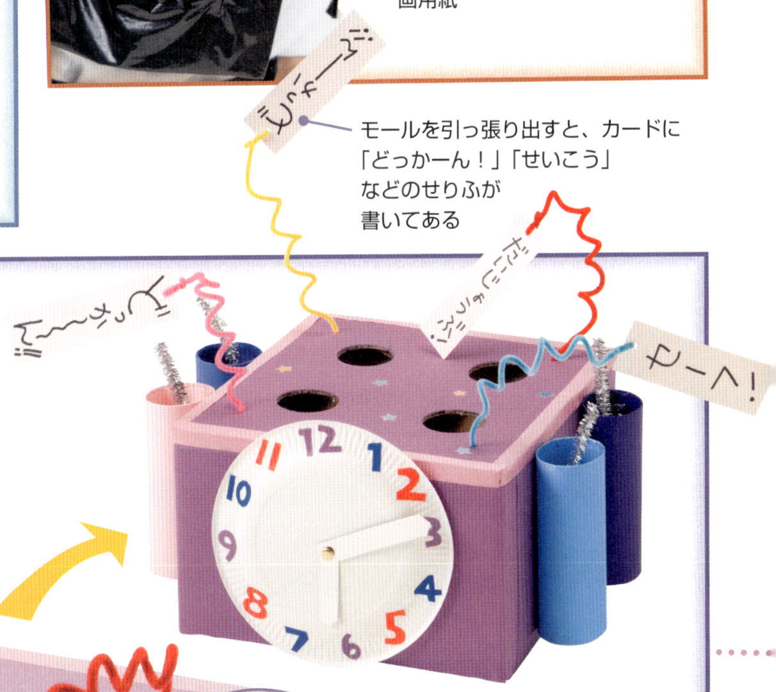

ドッキリマシン

- モール　鉛筆などに巻いて、くせをつける
- 色を変える
- 上から中のカードが見えないように
- 箱に穴を開けてモールを通し、内側からはりとめる
- モール
- 中央を割りピンでとめて、針が動くようにする
- 紙皿
- 色画用紙

スパイごっこ ▶ スタート

チームに分かれて、どちらが早くミッションを達成できるのか……
ドキドキするスパイ遊びを提案してみましょう。

やるわよ　まかせとけ

ドッキリマシンがしかけられたもよう。タイムリミットは15分。事件を解くカギを探さなくてはなりません

ミッション 1
封筒を探せ
最初に封筒が隠してある範囲を伝えておきましょう。

スパイさん、赤い封筒を探し出して

ここかな？

ここらへんが怪しい…

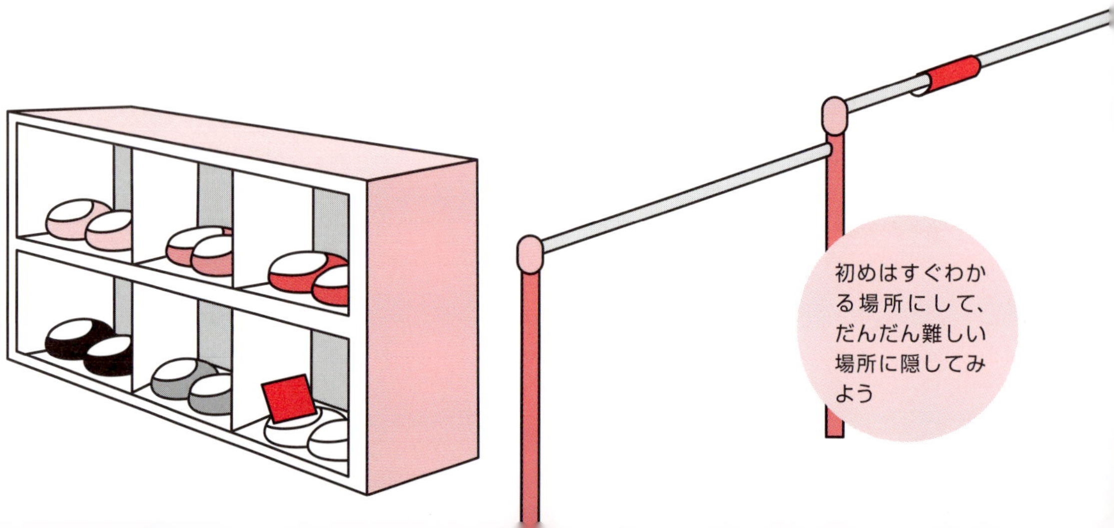

初めはすぐわかる場所にして、だんだん難しい場所に隠してみよう

| ミッション 2

暗号解読　封筒を見つけたら、そこに書かれている暗号がヒントになります。

文字の読めない年齢層には、絵文字や場所の絵などをかこう

えーっ?

あこかこい
せんこを
こぬここく

＊ヒントは  ことり

わかったわ!

| ミッション 3

ドッキリマシンをとめろ!　とめるには、どれか1つの線を引き抜かなくてはなりません。

ドキドキ

どれを引くか悩むなあ

残り時間は、あとわずか!

わたしは成功よ!

作ってみよう!

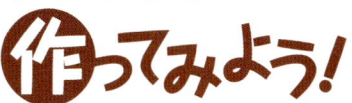

プレゼント

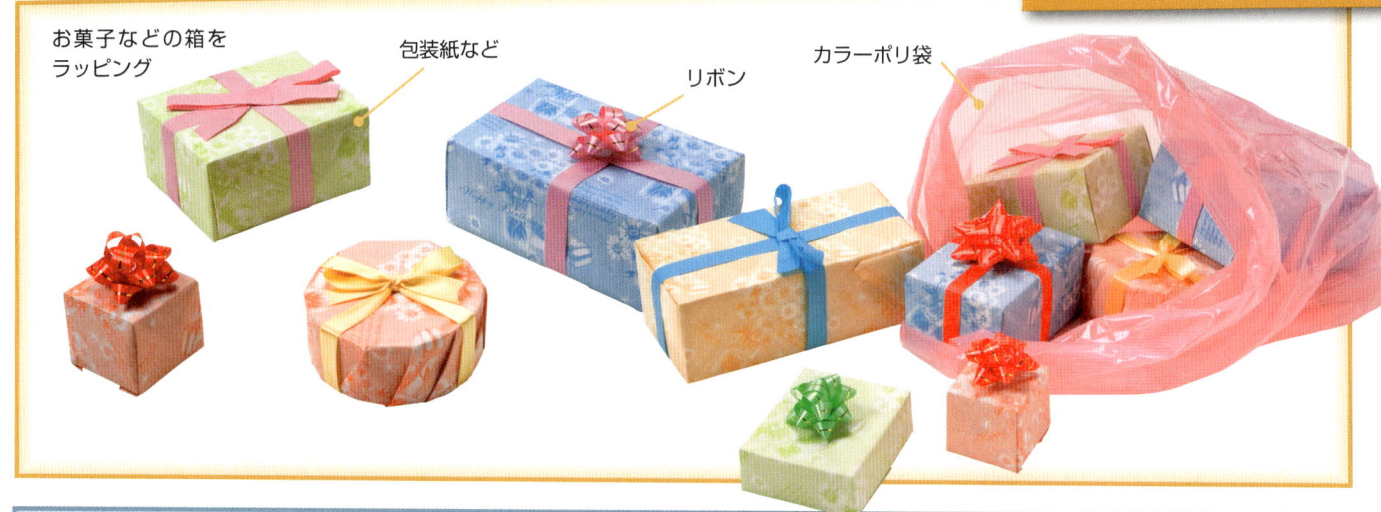

お菓子などの箱を
ラッピング
包装紙など
リボン
カラーポリ袋

そり

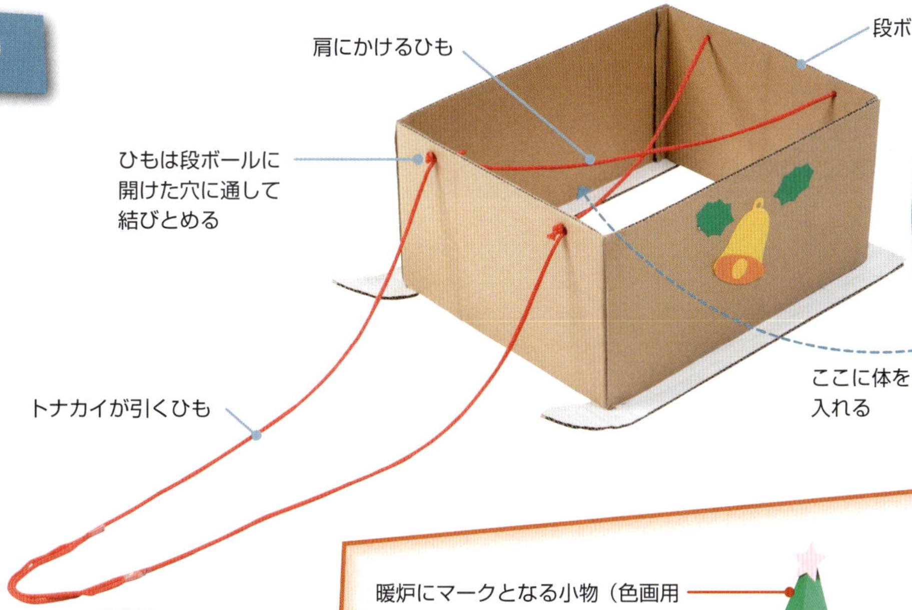

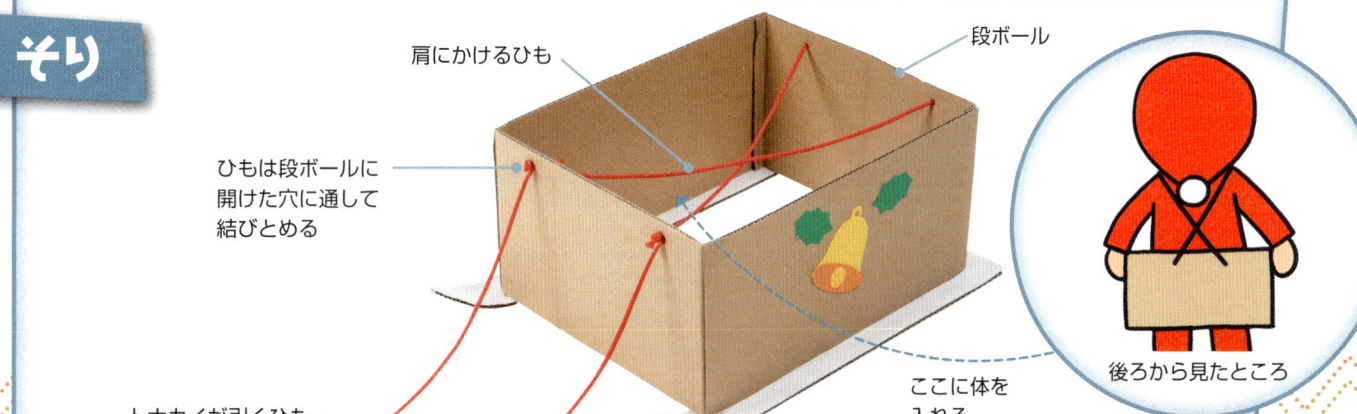

肩にかけるひも
段ボール
ひもは段ボールに
開けた穴に通して
結びとめる
ここに体を
入れる
トナカイが引くひも

後ろから見たところ

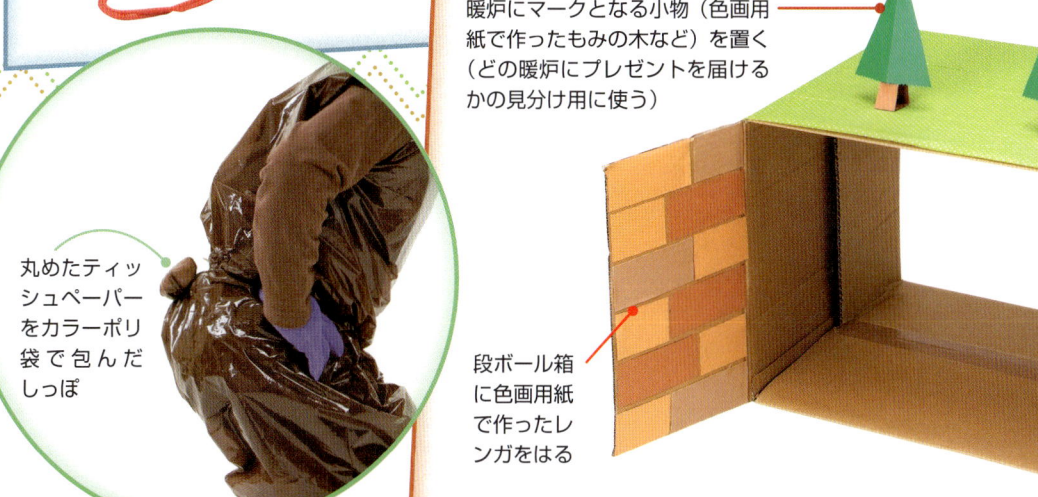

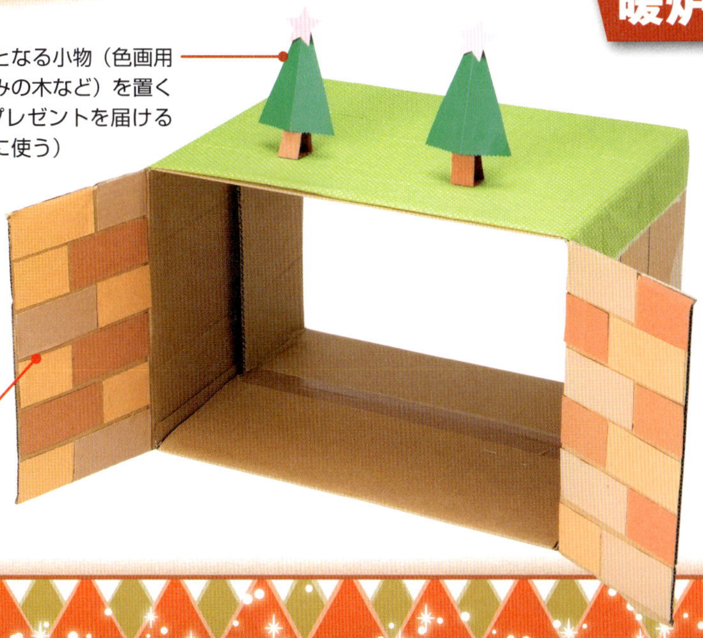

丸めたティッ
シュペーパー
をカラーポリ
袋で包んだ
しっぽ

暖炉

暖炉にマークとなる小物（色画用
紙で作ったもみの木など）を置く
（どの暖炉にプレゼントを届ける
かの見分け用に使う）
段ボール箱
に色画用紙
で作ったレ
ンガをはる

サンタさんごっこ ▶ スタート

サンタランドでは、プレゼントのラッピングと配達で大忙し。
トナカイと息を合わせてプレゼントを運びましょう。

雪だるまの暖炉のおうちで待ってる、みきちゃんにプレゼントを届けてくださーい！

保育者がサンタさんへ指示を出しましょう。
プレゼント運びだけでなく、
「雪かきの手伝いをしてくださーい」
「トナカイにえさをあげてね」
「オーロラを見てきて〜」など
バリエーションがあると楽しいですね

自由にラッピング

間違えずに届けよう

誰が早く届けられるか競争してもいいよ。
間違えないで届けられるかな？

さあ！出発!!

邪魔もの雪だるまはよけて通ろう

受けとりのサインをもらおう

きちんと届けられたしるしにはんこをもらおう！

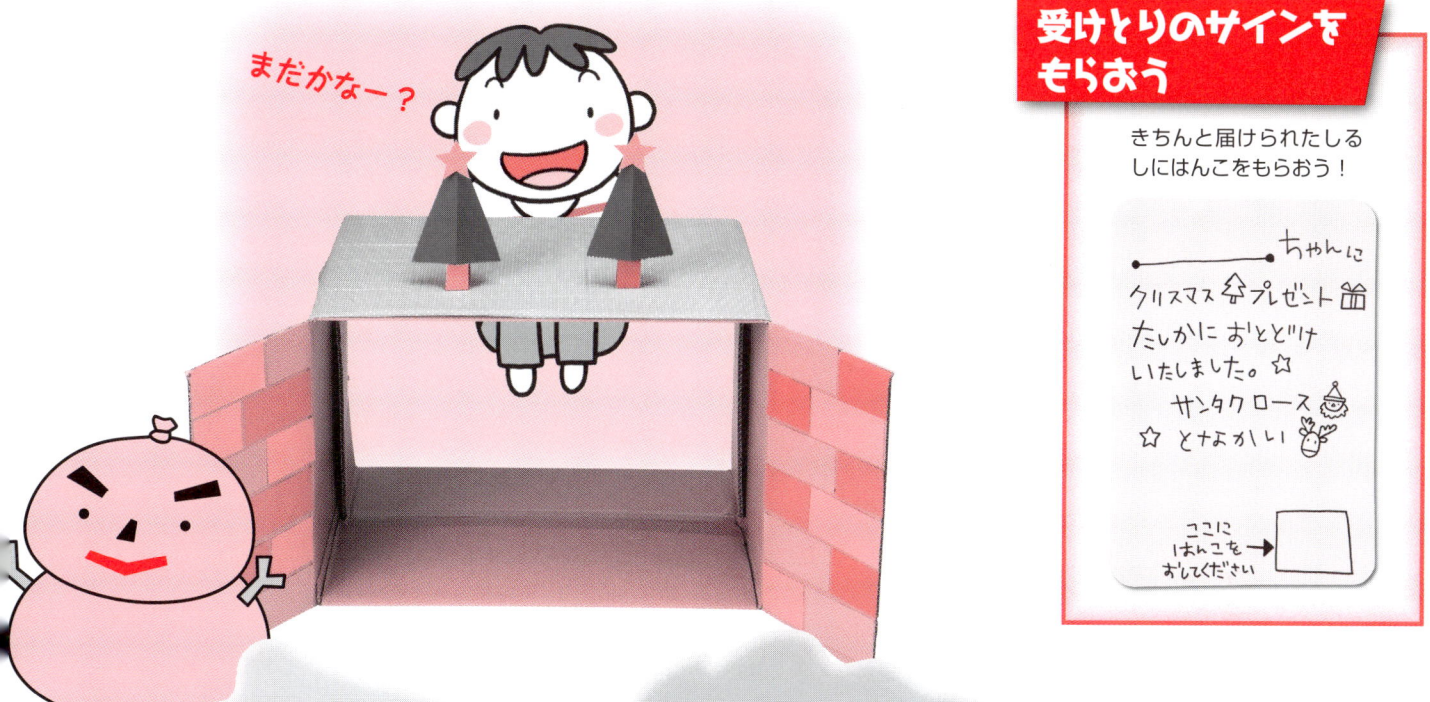

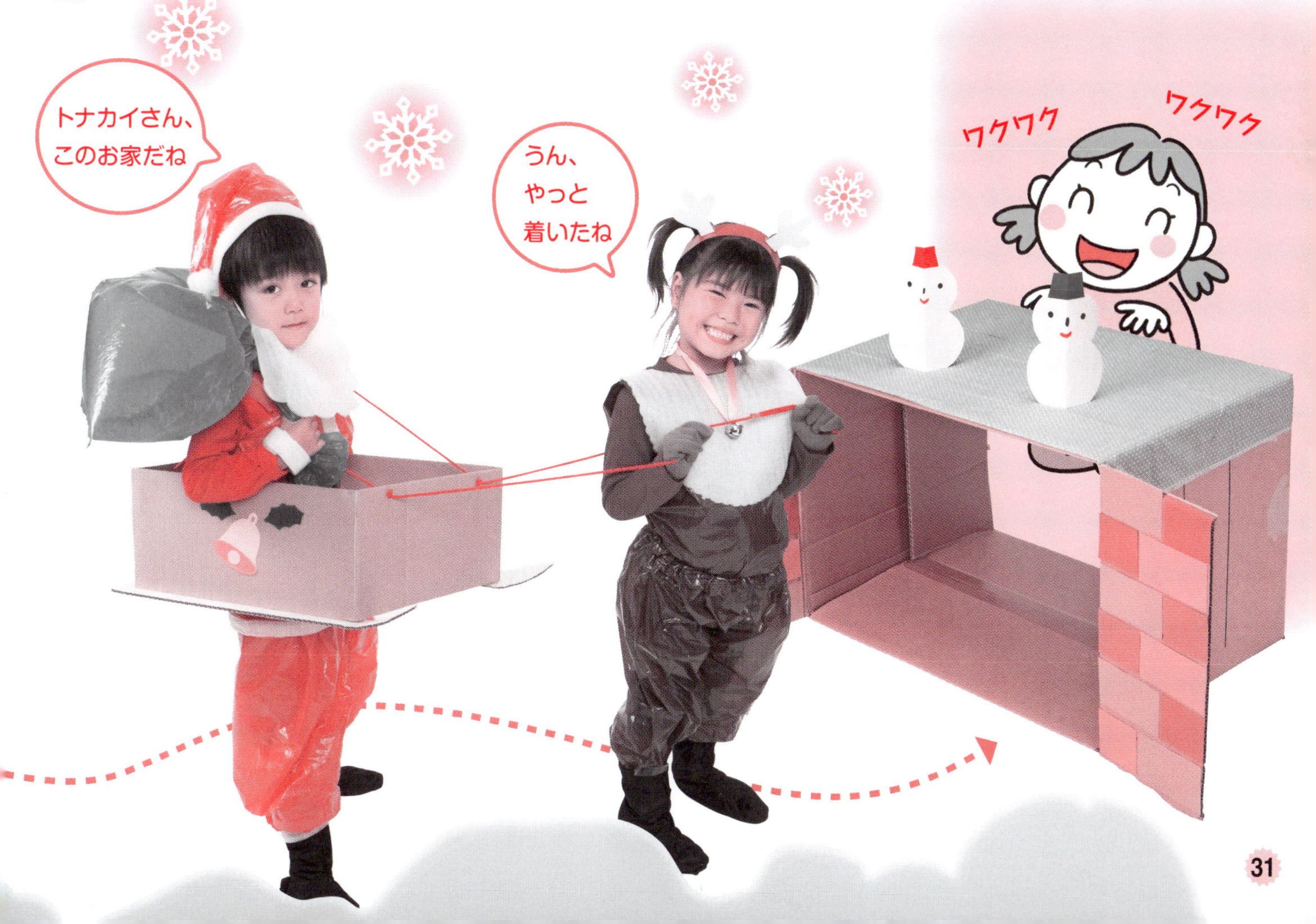

作ってみよう!

酸素タンク

- 丸い発泡スチロール
- 曲がるストロー
- 段ボールに色画用紙をはりつける
- シール折り紙など
- モール 鉛筆などに巻いてくせをつける
- 背負いベルトをスズランテープで作る
- 2リットル入りペットボトル 2本はり合わせる

宇宙船

宇宙船の窓からどんな星が見えるかな? スコープを回して見てみよう!

- 段ボール
- 中央を割りピンでとめ、回るようにする
- アルミホイル
- 丸く切った段ボール

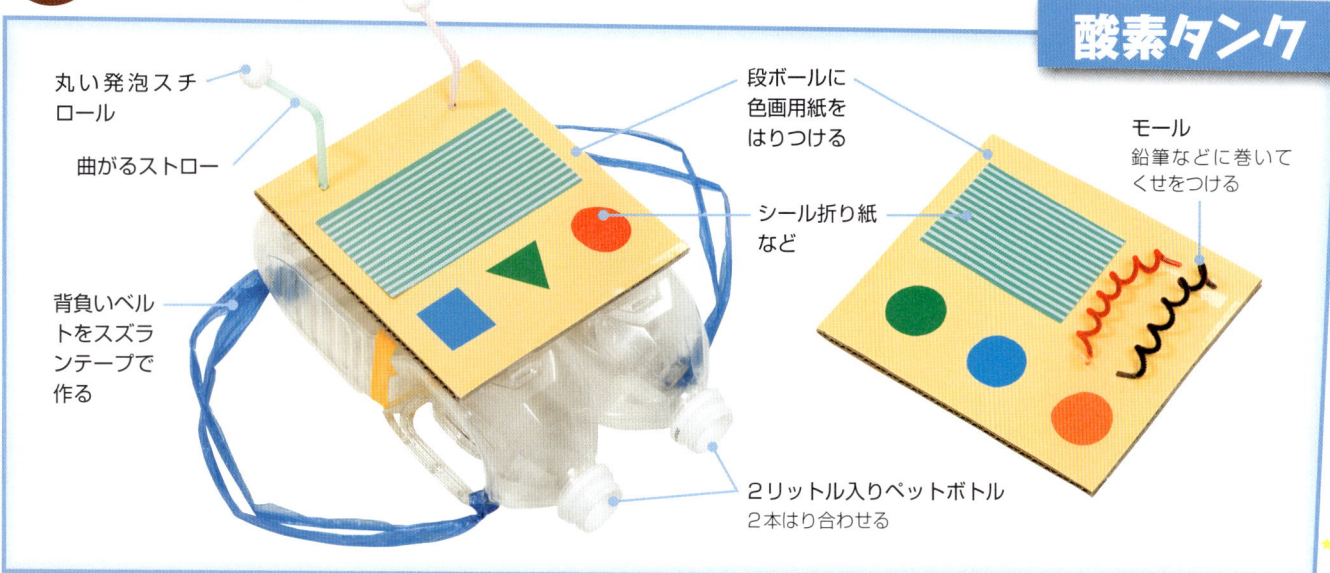

宇宙飛行士ごっこ▶スタート

宇宙船に乗って、遠い宇宙へ出発！　宇宙船からレポートしたり、
知らない星で無重力を利用して遊んでみましょう。

3、2、1、0、はっしゃー！

ドドドドドー！

どんな星に向かっているの？

宇宙船から見えるものは？

自分の言葉で、宇宙からのレポートをしてみよう！

こちら、アンドロメダ号。
ただいま、地球から
3光年の地点です。

地球が青くてとても
きれいに見えています。
あっ、ユーフォーを発見！
宇宙人が乗っています。

宇宙に着いたら、そこは無重力の世界

無重力のつもりで、ふわふわ、ふんわりと遊んでみよう。

宇宙ウォーク

ゆっくりゆっくり歩く。手を大きく振って無重力っぽさを出してみよう

ふわわーん ふわわーん

宇宙ジャンプ

重力がないからいつもより遠くまで跳べちゃう！ 思いきってジャンプしてみよう！

ポヨーーン

ふわふわバレー

風船を使って、バレーボールをしてみよう。ゆらゆら、ふわふわ、宇宙バレーを楽しんで！

そーれ！

宇宙人図鑑

きょうは宇宙の大パーティーの日。どんな星からどんな宇宙人が集まるのかな？

ピララ星人

- スズランテープ
- 中央を束ねて両端を切る
- エプロン状にして、腰に結びつける

きのこ星人

- カラーポリ袋（赤）にエアパッキンを軽く入れ、カップ麺の容器にしっかりとはる
- シール折り紙（黄色）
- カップ麺の容器をカラーポリ袋（黄色）でくるみ、ひもをつけて結ぶ
- 折り紙などできのこを作る
- リボン
- カラーポリ袋（白）

プルリン星人

- 色画用紙
- 工作用紙を輪にする
- ひも
- ふくらませていない風船を結びつける
- スズランテープに、細長い風船をふくらませて結びつける

プルリン♪

ポニャ星人

- 手芸用ポンポン
- ヘアバンドにモールを結びつける
- カラーポリ袋（黄色）にエアパックを詰める
- ヘアバンドにテープでしっかりとめる
- メッキモール
- カラーポリ袋（赤）
- カラーセロハンで丸めたティッシュペーパーを包み、テープではりとめる
- メッキモール

ニャニャ星人

- 牛乳パックにカラークラフトテープ（黄色）をはる
- シール折り紙で口を作る
- モール
- 切り込みを入れる

UFO星人

- カップ麺の容器をカラーポリ袋（黄色）でくるむ
- 紙皿に色画用紙をはり、シールで模様をつける
- ひも
- リボン
- シール折り紙
- 段ボール
- カラーポリ袋（オレンジ）

カチンコ星人

- カラーポリ袋
- 中にエアパックを詰める
- 画用紙に目をかいたもの
- シール
- セロハンテープでしばる

フラワー星人

- 丸めて平らにしたティッシュペーパーをお花紙（黄色）でくるむ
- 色画用紙
- ひも
- 紙皿
- カラーポリ袋（ピンク）
- メッキモール
- お花紙で作った花をテープではる

宇宙でパーティー

さあ、たくさんの星から、宇宙人が集まりました。あいさつをしたら、自己紹介。どんな星のなに星人か、宇宙語で話さなくちゃ。おや、テーブルの上の食べ物も、よく見ると不思議なものばかりです。

全部、ワタシの、モ、ノ

クルクルクルリーン

ウニャ

おいしそう

…………☆

かわいいきのこですね

ハロハロハロー

こここにゅにゅにこにこ
ちちちはははは～

★ 自分の星のあいさつを考えてみよう！
　どんな言葉？　どんなしぐさ？

★ 「おいしい」ときには、どんなポーズをとるのかな？

★ 宇宙語で名前をかいてみよう！

★ 相手のすてきなところを伝えてみよう！

★ 宇宙パーティーで食べたいものはどれかな？

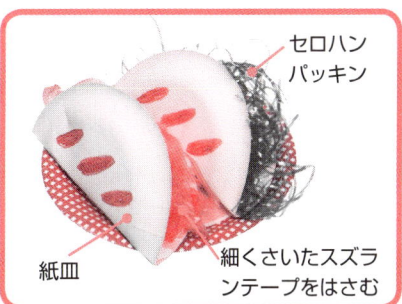

ガブッ

ウニャ ウニャ

ウンニャ

パクッ

ごちそうカタログ

おいしそ〜

- メッキモール
- カラーセロハン
- 丸めたエアパッキン
- 広告紙

- 広告紙をくしゃくしゃにしてから広げる
- 細く切った色画用紙を鉛筆などに巻いてくせをつける

- 巻いた画用紙に切り込みを入れる
- シール
- カラーポリ袋
- エアパッキンを詰める

- カラーポリ袋
- 手芸用ポンポン
- 新聞紙をふんわり入れる
- 紙テープ
- ティッシュペーパーを丸める
- カラーポリ袋で包む

- 牛乳パック
- 不織布で包む
- ペットボトルのキャップ
- 色画用紙
- 紙テープ

- セロハンパッキン
- 紙皿
- 細くさいたスズランテープをはさむ

- セロハンパッキン
- 色画用紙

39

探検ごっこ
～地底探検に出かけよう！～

地底の国にある宝石を見つけて、神殿に供えれば、勇者のメダルがもらえる。その言い伝えを聞いて、探検家が洞くつにやってきました。「掘り進んで、地底をめざそう！」

探検家

地底探検に出発だ！

- ラメテープ
- カップ麺の容器
- ビニールテープ（黄）
- エアパッキン
- ひも
- 色画用紙を円すい形に丸める
- ビニールテープ
- ひも
- 不織布をホチキスでとめて裏返す

40

作ってみよう！

宝石の洞くつ

- 空きビンやアルミホイルを丸めたものをカラーセロハンで包む
- ブロックや空き箱を新聞紙で包んで重ね、洞くつを作る

きのこ

紙コップなどの上に、カラーポリ袋の中にエアパッキンを詰めて飾り付けしたものをのせる

地底生物

オリジナルなアイデアで、ユニークな生物をたくさん作ってみよう！

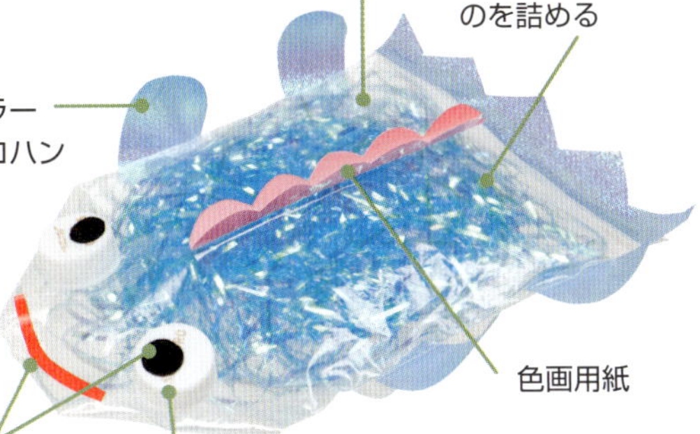

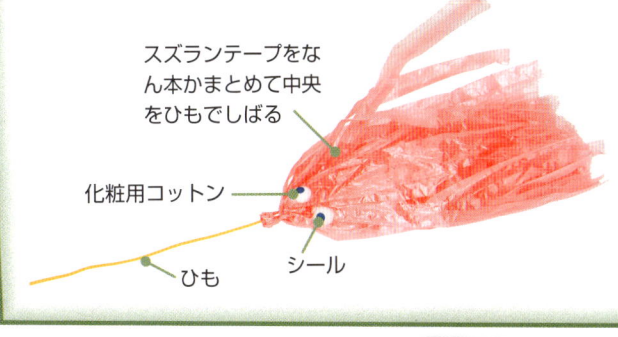

- タイツ（黒）の中に丸めた新聞紙をなん個か入れ、しっかりしばる
- カラークラフトテープで模様を作る
- モール
- シール
- シール折り紙
- 透明なポリ袋
- 中にスズランテープなど色のあるものを詰める
- カラーセロハン
- 色画用紙
- シール折り紙
- ペットボトルのキャップ
- スズランテープをなん本かまとめて中央をひもでしばる
- 化粧用コットン
- ひも
- シール

トンネル

- 段ボール
- 丸めた新聞紙
- 丸めた新聞紙をたくさん詰め込む

41

探検ごっこ▶スタート

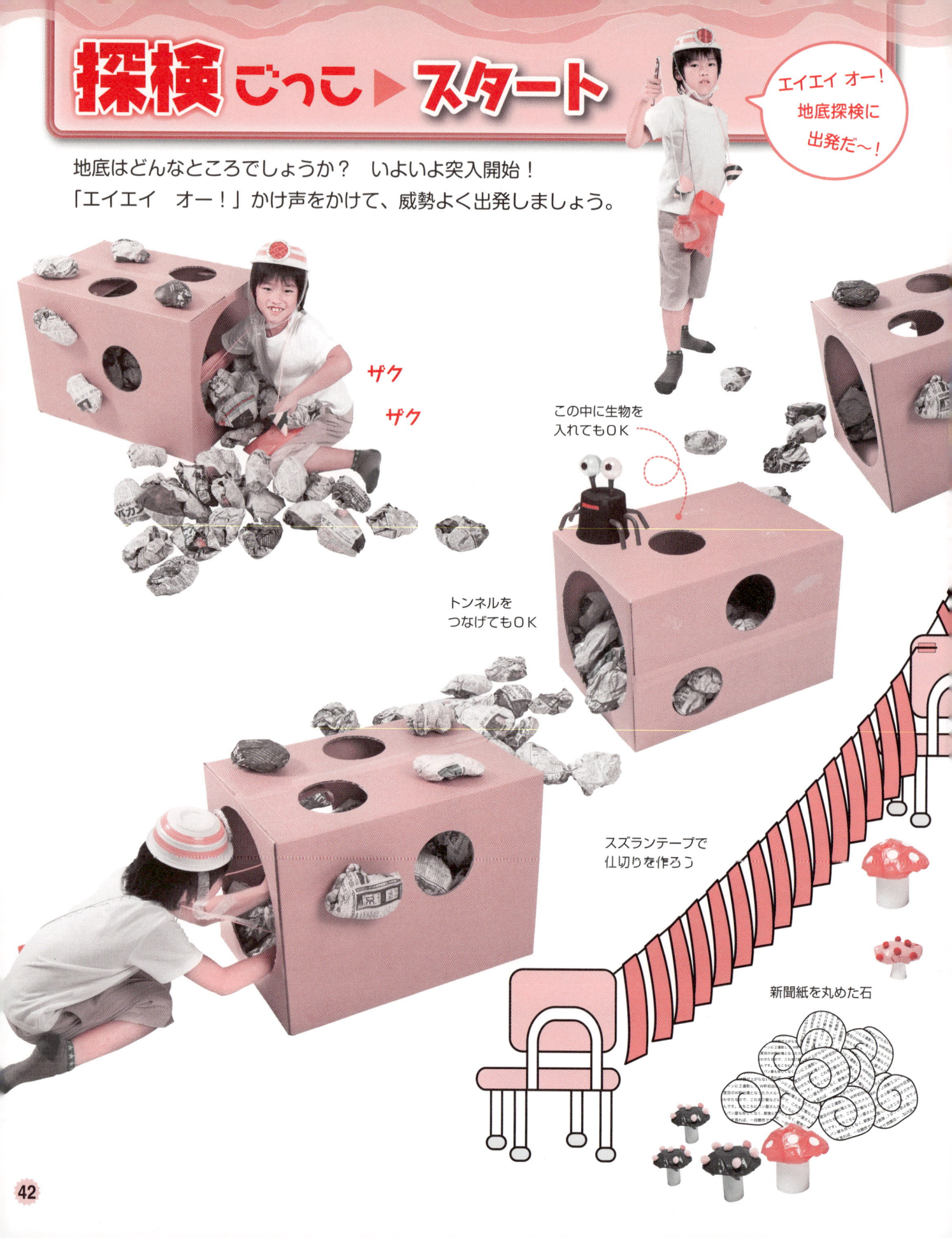

地底はどんなところでしょうか？　いよいよ突入開始！
「エイエイ　オー！」かけ声をかけて、威勢よく出発しましょう。

エイエイ オー！
地底探検に
出発だ〜！

ザクザク

この中に生物を入れてもOK

トンネルをつなげてもOK

スズランテープで仕切りを作ろう

新聞紙を丸めた石

暗幕を上手に使おう

ゲット

発見！

ブルーシートをいすの上にかけた岩

運動マットを丸めた岩

ブルーシートの沼

ビニールプールの池

つかまえたぁ！

43

地底で宝探しゲーム

オリエンテーリング形式で、宝探しをしましょう。
3人1組のチームを作って、みんなで力を合わせてレッツゴー！

きのこの森に赤いカードがあるよ

スタートになるヒントを出してあげよう！

トンネルをくぐって……

この きのこ から **4** ほ あるく。

ビニールプールで くろいいきものを さがす。

神殿

あ、あそこだ

神殿に赤い石をお供えすると、メダルがもらえる

宝石見つけた！

わーい ペンダントもらったよ！

すべりだいのしたをよくみて！

ひも
紙粘土
穴

串などで模様をかいたり、鉛筆の底やペットボトルのキャップなどで押し型をつける

マークを決めてもいい

メダルを作ろう！

45

発展遊び

地底ってどんなところ？

想像した地底を自由にかいてみよう！

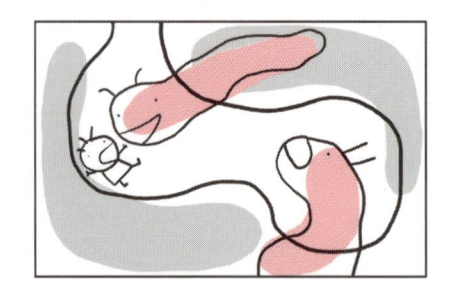

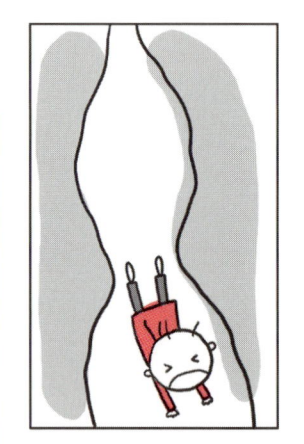

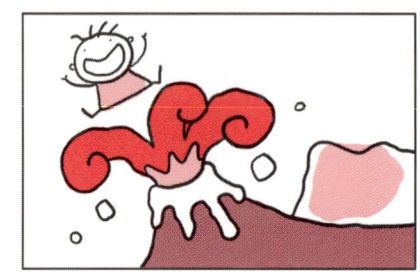

絵を見ながら
みんなで
話してみよう

つかまえた地底生物を飼ってみよう！

名前をつけてみよう！

目がすごく
大きいから……
ギョロギョロ!!

なにを食べるのかな？

赤い石を探せ！

指令どおりのものを探してみよう！

- 「赤い石」「赤くて丸い石」「青くて丸い石を2つ」などミッションを複雑にすることも
- ミッションをなん人かに伝言させて、伝言ゲームの要素を組み込むことも

地底生物園を作ってみよう！ ほかのクラスの子どもや、保護者にも見てもらおう

卵も作っちゃおう！

47

タイムマシンごっこ
～いろんな時代に行ってみよう～

タイムマシンが時間の旅へ出発します。未来や原始時代や、江戸の町を、ワクワクの一日体験。どこへ着くかお楽しみ。スイッチ、オン！ビュルルルル！

わぁ

タイムマシンごっこには、想像した世界に出かけて行って遊ぶという、ごっこ遊びのおもしろさがたっぷりと詰まっています。
「そこはどんなところなのかな？」「なにが見えるの？」「どんな色なのかな？」「そこでなにをしようか？」など、想像の世界を広げてあげるような会話をすることで、よりいきいきとした遊びが展開されるはず！

未来の世界へ行こう！

カーハンドルで遊ぼう！

行きたい世界の絵をかいて、その世界をかけ抜けてみよう

好きな写真をはってもいいね！

ビューン！

- どれくらいのスピードが出るのかな？
- なにが見えるのかな？
- 水の上も走れるかな？
- 空も飛べるかな？

未来ではロボットがなんでもやってくれるかも

作り方は55ページ参照

50

ふふふ、
どこにでも
行けそう！

未来の薬屋さんに、あったらいいなあと思う薬を作ってみよう

- 家族にはどんな薬をお土産にする？

ビンに好きなラベルをはる

中にはスズランテープなどを入れてカラフルに

ここでは、まだまだ実験中！

- どんな実験をしてみたい？
- なにを作っていると思う？

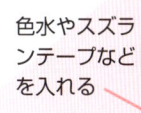

色水やスズランテープなどを入れる

アルミホイルを巻いた牛乳パック

ペットボトルやストロー、スポイトなどを組み合わせる

51

原始時代へ行こう！

ここは、原始の世界。マンモスと追いかけっこしたり、恐竜の卵をとったり……ワイルドに楽しみましょう。

裏に取っ手をつけて動かせるようにする

た〜すけて〜

カラーポリ袋（オレンジ）

小さく切ったカラーポリ袋をはりつける

画用紙

段ボール

画用紙

わ〜い

肉だ〜

丸めた新聞紙に色画用紙をはりつけ、真ん中に画用紙で作った骨をさし込む

新聞紙

小さく切った新聞紙をはりつける

あっ、恐竜の卵かな？

カプセル容器をカラーポリ袋で包む

シールで模様をつける

52

江戸時代の町へ行こう！

着物を着たり、頭をちょんまげにしたり……今とまったく違うスタイルを体験してみましょう。

- いろんな大きさのものを風呂敷で包んでみよう！

かつら
- 画用紙
- お花紙で作った花
- 工作用紙（黒）
- カラーポリ袋（ピンク）
- 風呂敷

手紙を届けてくださいな

衣装
- 不織布
- シール折り紙で模様を作る
- シール折り紙で作る

ピンクの布にタイツ（黒）を丸めたものをつける

- 落とさないように風呂敷で運ぶ競走もできるね

どいた、どいた〜、急ぎのお手紙だよ〜

- 頼まれた手紙を運んでみよう！

- 空き箱
- 色画用紙やシールでカラフルに
- 棒
- 帯状に切ったカラーポリ袋（黒）
- シール折り紙
- カラーポリ袋（青）
- シール折り紙で作る

なんだい、なんだい？事件かい？

53

発展遊び

タイムカプセルを作ってみよう！

未来に思いをめぐらせて、今の自分、未来の自分のこともいっぱい表現してみましょう。

未来へのメッセージを残してみよう！

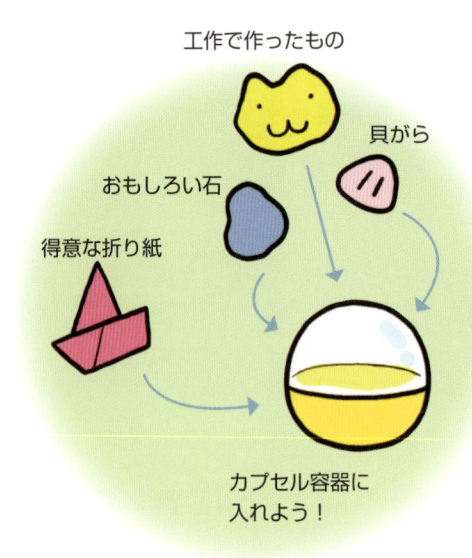

手紙
好きな食べ物の絵
絵はくるくる巻いて
アルミホイルで包んで
ペットボトルに入れる

工作で作ったもの
貝がら
おもしろい石
得意な折り紙
カプセル容器に入れよう！

石のお金を運ぼう！

52ページの原始時代に使われていた石のお金。これを利用して、ゲームをしてみましょう。

バトンがわりにして、リレーも！

よくもんで細く丸めた新聞紙をつなげて輪にする

よいしょ！よいしょ！

どんどん数を増やしてみよう

数や大きさは、子どもの年齢や身長を考慮してあげましょう

54

未来カーを作ってみよう！

50ページの未来カーを作ってみましょう。

- 丸い発泡スチロール
- 曲がるストロー
- 段ボール
- カプセル容器
- 色画用紙
- ペットボトルのキャップ
- 空き箱
- 段ボールの取っ手
- シール
- ペットボトルをセロハンテープで固定する
- 工作用紙（銀色）
- スズランテープ（赤）

オリジナル未来カーを作ってみよう！

- 自分の未来カーは、どんな形かな？　どんな色かな？

- 「○○号」「ナントカマシン」……未来カーに名前をつけてみよう

もの売り運びに挑戦！

江戸時代には、金魚売りや野菜売りなどの"もの売り"がたくさん町を歩いていました。過去にタイムスリップしたら、もの売りにチャレンジして、バランスをとるゲームにつなげてみましょう。

バランスをうまくとれるかな？

さかな〜
さかな〜、
新鮮なおさかな〜

安いよ、
激安だよ〜

- 魅力的な売り文句を考えてみよう！
- なにを売ってみたいかな？

- 大きいものは、重たいのかな？
- いろんな重さの道具を用意してみよう！

前後に同じくらいの重さのものをのせないと、運びにくいよ！

55

魔法使いごっこ
～魔法学校へようこそ！～

魔法学校では、生徒たちが魔法使いになる勉強にチャレンジ中。休日は魔法タウンでお買い物です。でも魔法タウンをねらう、炎の魔女が……。

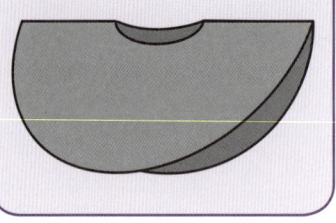

ここは魔法学校。さあ、ここで楽しく魔法のお勉強です。

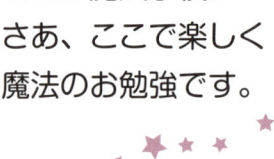

見習い魔法使い

ようやく魔法学校に入学できるぞ！

シール折り紙

色画用紙で帽子を作る
まわりに切り込みを入れてから円すい形にはり合わせ、つばの部分にはりつける

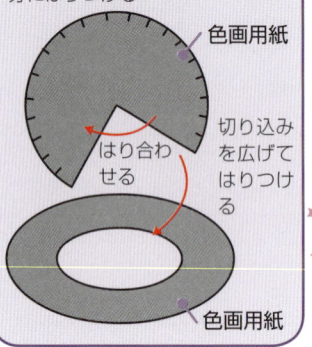

- 色画用紙
- はり合わせる
- 切り込みを広げてはりつける
- 色画用紙

カラーポリ袋（黒）でマントを作る

カラーポリ袋（紫色）を帯のように巻く

ほうき

- 広告紙を筒状に巻く
- ひもの先に鈴をつける
- ビニールテープ
- スズランテープ

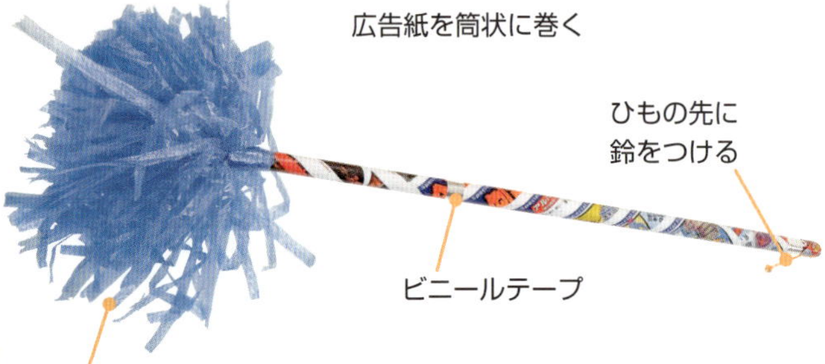

見習い魔法使い

ふふふ〜

わあ、ワクワクしちゃう！
制服もかわいいでしょ？

カラーポリ袋（紫）で、マントを作る

カプセル容器にビーズなどを入れ、工作用紙でふたをしてペンダントを作る

ひもをビニールテープでとめる

シール折り紙

カラーポリ袋（紫）

カラーポリ袋（ピンク）を帯のように巻く

まほうがっこう

魔法学校の勉強って、どんなことをするのでしょうか？不思議でおもしろいことを考えて、みんなで魔法学校を作り上げていきましょう。

1時間目 工作

魔法学校で使うすてきな魔法グッズを自分たちで作ってみましょう。

魔法の薬

こんな魔法がかけられたらいいなと思う薬を作ってみましょう。

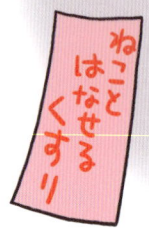

- 手芸用ポンポン
- 空きビン・空きカン
- モール
- カラーポリ袋
- 紙粘土
- シール折り紙

「ぼくはいぬと話したいな」

「にゃにゃにゃ？（げんき？）」「おっ！」

魔よけストラップ

悪い魔法から逃れられるブレスレットやストラップです。

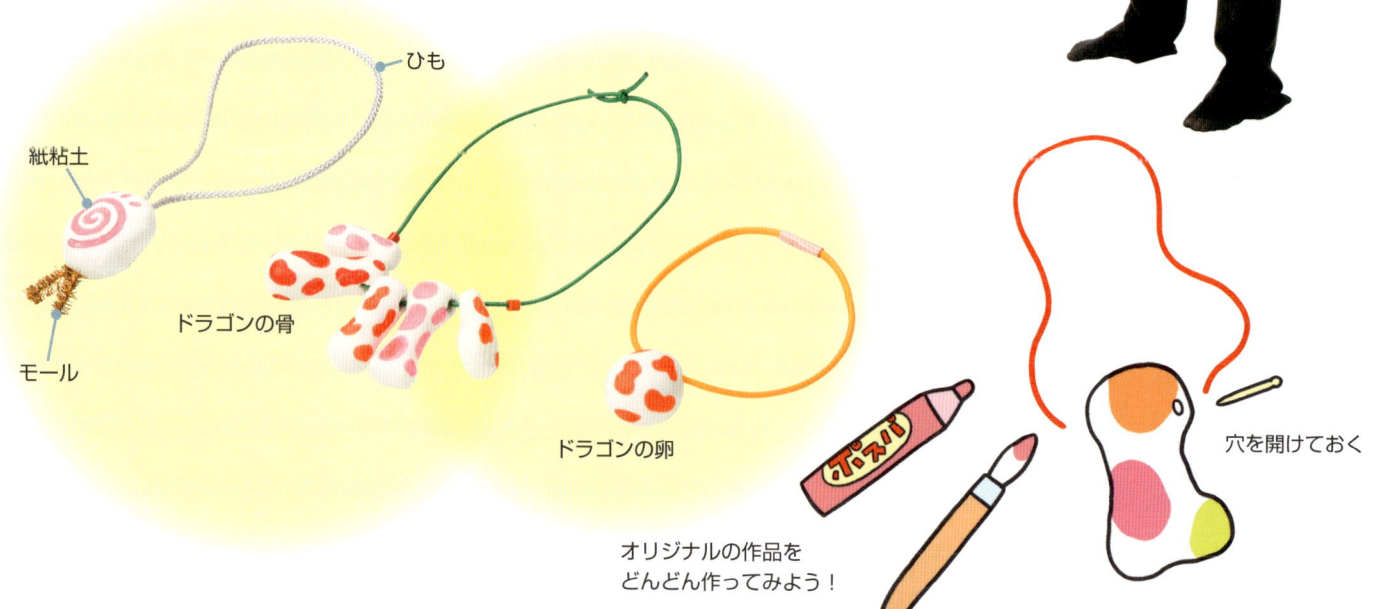

- ひも
- 紙粘土
- モール
- ドラゴンの骨
- ドラゴンの卵
- 穴を開けておく

オリジナルの作品をどんどん作ってみよう！

魔物

魔法をかけたり退治したりする相手として重宝しそうなアイテムです。

- スズランテープ
- カラーポリ袋
- シール折り紙
- 中にふんわりと丸めた新聞紙

魔法の手鏡

のぞき込んだら、そこに見えるのは不思議な世界？

- アルミホイル
- シール
- 段ボールの上にミラーシートをはる

魔法のつえ

魔法をかけるときに使う大事な道具です。自分なりのかわいいマークをつけて、魔法の練習にはげみましょう。

- ひも
- 広告紙を筒状に巻いてビニールテープでとめる
- 毛糸
- ビーズ

わあ、これ欲しいな

工作の時間に魔法グッズをたくさん作ったら、「魔法タウンのお買い物」という設定でお店屋さんごっこもできるよ！

炎　　ドラゴン

2時間目 運動

魔法のほうきを使いこなせないと、魔法使いとはいえませんね。ほうきを使った運動をしてみましょう。

ほうきスキップ

曲に合わせて、ほうきにまたがりながらスキップしてみましょう。

うまくなってきたら、「右に曲がる〜」「反対回りにしよう」などの指示を聞いて動いてみよう

ほうきでシュート！

ポリ袋風船をボールにして、魔法のほうきで思いっきり得点板にシュート！

段ボール（壁にはりつける）

10てん
1てん
5てん

当たった場所で得点が異なる

● なん点入るかな？

3時間目 言葉遊び

魔法を使うときは、呪文を唱えます。言葉遊びを通じて、言葉と仲よくなっちゃいましょう！

むずかし〜い

まずは、早口呪文

- あかまじょ　あおまじょ　きまじょ　くろまじょ

- くろねこ　くろうま　くろこうもり

- どくきのこ　どこのきの　きのどくな　きのこ

- まほうの　ほうほう　ふくろう　ほうほう
  まんげつ　しんげつ　クロワッサン
  かぼちゃに　ドラゴン　りんごに　リボン
  カピラン　パピラン　ルッコラ　ヤッコラ
  せんねん　まんねん　ウーダノ　パシャラン！

魔法の回文

- この　きいろい　きのこ

- さかの　きつつきの　かさ

- くま　しんぶんし　まく

4時間目 科学遊び

不思議な不思議な「泡のぶどう」を作ります。
魔法使い気分が高まりますよ！

ドライアイスは必ず大人が扱ってください。また、直接手で触らないようにしてください。

⚠ ドライアイスを扱うときは、子どもたちが触ったり煙を吸い込んだりしないように注意しましょう。また、必ず換気をして、完全に昇華するまで目を離さないようにしてください。

プラスチック製のボウルに、

① ドライアイスを入れ、

② 水を注ぎます。

すると煙が出てくるので、

③ 食器用洗剤を注ぎ入れます。

食器用洗剤の容器が見えないように工夫しよう

スポイトなどを利用して、「魔法」らしさを演出するのもオススメ

洗剤を入れるとき、「魔法の薬を入れるよ〜」と言うと雰囲気満点！

あら不思議、もこもこもこもこ〜

大成功！

色水を使って、魔法の薬みたいに……

色水を入れた透明のプラスチックコップやペットボトルの上を切ったものに、1かけのドライアイスを入れて、1、2滴食器用洗剤をたらすと、ほら、魔法の薬みたい！

⚠ 泡がこぼれてもよい場所で行うか、あらかじめブルーシートなどを敷いて行ってください。
入れ物は、✗ふたのあるもの、✗割れるもの（ビン、ガラス食器など）は使用しないでください。

5時間目 手品

この時間は、先生が透視マジックを見せてくれますよ。

色画用紙（黒）で作った帽子

テーブルの上に色画用紙で作った5つの帽子を並べる
（56ページ参照）

目隠しをしたら、誰かにボールなどを1つの帽子に隠してもらう

目隠しをとって、呪文を唱えると………

私には見え～る、
透視のまじない

クリアリラー！

緑色でしょ！

わー、すごい

なんでわかるんだろう！

たねあかし

観客の中に仲間がいて、なに色に入れたかを合図で教えているよ！

- 手を頭に… 黄
- 耳に… 緑
- 目に… 青
- 鼻に… 赤
- 口に… ピンク

これできょうの授業はおしまい！

魔法学校〜劇ごっこ

魔法学校で学んだことをいかして、劇ごっこをしてみましょう。
観客がいなくても、劇ごっこはひとつの世界に十分入り込むことができる楽しい体験です。ぜひ、トライしてみましょう。

炎の魔女とのたたかい

配役

魔法学校の生徒たち…子どもたち（５６、５７ページの衣装）
魔法学校の先生………保育者
炎の魔女……………保育者
ナレーター……………保育者

劇ごっこは、大道具や小道具が「あるつもり」でも十分楽しめますが、ちょっとした道具があるだけで気分もぐっと盛り上がります。ぜひ子どもたちといっしょに作って、劇遊びの世界を楽しみましょう。

魔法学校の先生

- 新聞紙を筒状に巻いて、つえを作る
- 色画用紙（56ページ参照）
- カラーポリ袋
- カラーポリ袋を帯のように巻く
- 不織布でマントを作る

炎の魔女

- 工作用紙（赤）
- 不織布（黒）
- 不織布（黒）で作る（28ページ参照）

水の帯

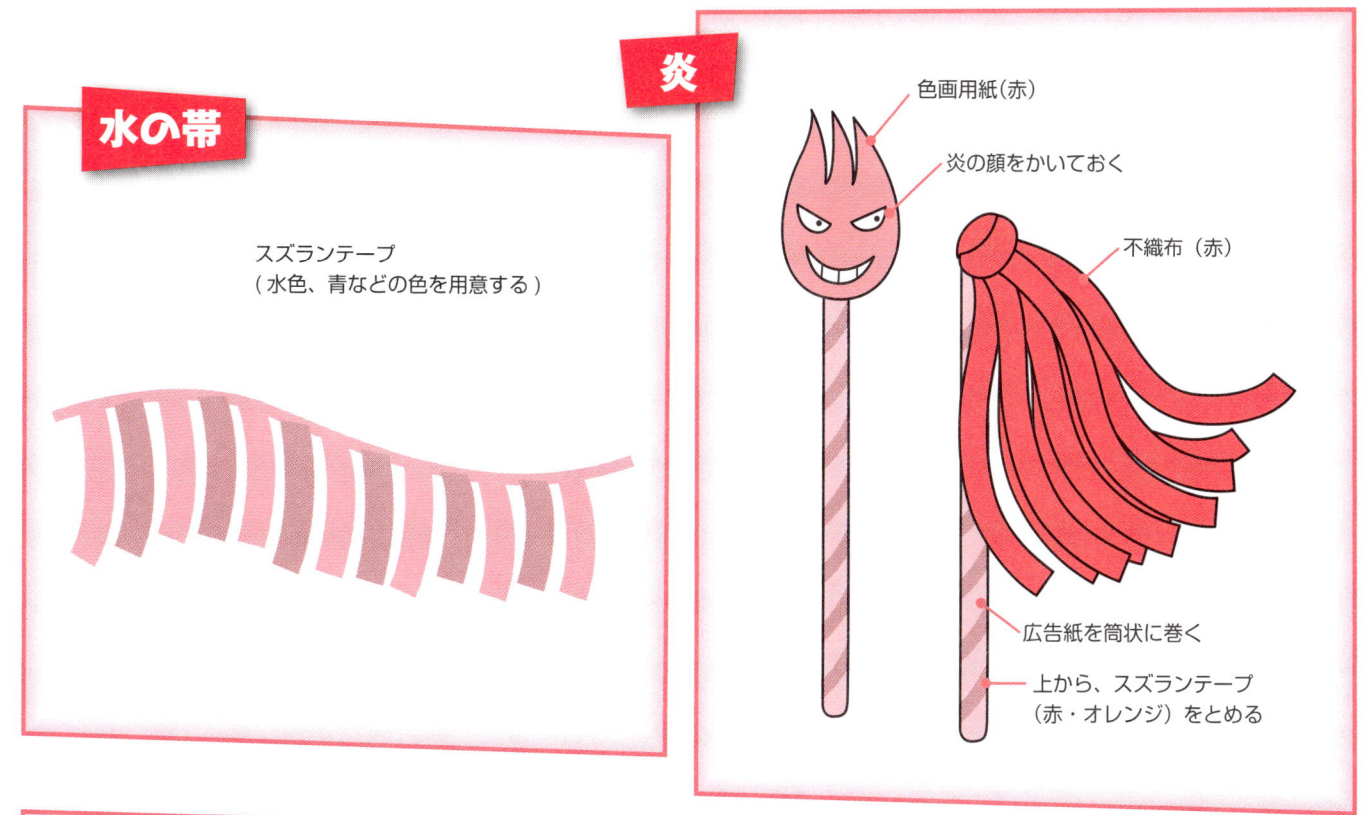

スズランテープ
（水色、青などの色を用意する）

炎

色画用紙（赤）

炎の顔をかいておく

不織布（赤）

広告紙を筒状に巻く

上から、スズランテープ
（赤・オレンジ）をとめる

ドラゴン

カラーポリ袋（緑）

色画用紙

色画用紙

色画用紙

カラーポリ袋（緑）
新聞紙を丸めて詰める

ラシャ紙（灰色）を、
ドラゴンの形に切りとる

魔物…………作り方は59ページ参照
魔法の鏡……59ページの手鏡と同じ作り方で、大人の半身が映る大きさの鏡を作る。ミラーシートをはった部分は、とり外しできるようにする

①

生徒たちは、ほうきを持ってしゃがむ。
先生は、魔法の鏡の前に立っている。

ナレーター　ここは魔法学校。
　　　　　　生徒たちが、魔法の勉強をしています。

生徒たちはA、B、Cの3チームに分かれ、
順番に進み出て、魔法の勉強の様子を披露する。

生徒A　ほうきを立てて、マイクのように持って、

　　　　魔法の呪文を言えるようになったよ。それっ！
　　　　「まほうのじゅもん　ぶぶだぶ　ぶぶだぶ　みぶぶだぶ
　　　　ひみつのじゅもん　ぶぶだぶ　ぶぶだぶ　むぶぶだぶ」

生徒B　魔法のほうきの使い方が上手になったよ。それっ！
　　　　「風まわしのほうき　ごごごごごーっ！」

ほうきを右手に持って、頭の上で大きく回す。

生徒C　変身魔法も勉強中だよ。それっ！
　　　　「石に変身　ころろん！　かっちん！」

大きくのび上がってから、きゅっとしゃがんで
体を丸める。

風まわし
石に変身

②

魔法の鏡を少し前に出し、先生がその前に立つ。
炎の魔女は鏡の台の後ろに隠れている。

先生　　みんな、魔法の腕前が上がったな。
　　　　さあ、今度は鏡の魔法の勉強だ。
　　　　鏡に魔法タウンを映してみよう。

生徒たち　マジャー！

先生　　魔法学校の返事は「マジャー」。うん、よい返事じゃ。
　　　　では、鏡の呪文、はじめ！

生徒たち　「ポピリリ　ポピリリ　パッ！」

ナレーター　すると、たいへん！
　　　　　　鏡には、おそろしい炎の魔女が映ったのです。

ミラーシートをはった部分を外した鏡の枠の後ろに、
炎の魔女が現れる。BGMにこわそうな音楽など。

生徒たち　あっ、炎の魔女だ！

炎の魔女　ひっひっひっ！　魔法タウンはいただくぞ！

先生　　たいへんだ、すぐ魔法タウンに行って、
　　　　炎の魔女とたたかおう！

生徒たち　マジャー！

鏡と炎の魔女、舞台袖に引っ込む。

③

ナレーター	魔法学校の生徒たちは、さっそくほうきに乗って、魔法タウンへ向かいました。

生徒たちは先生のあとをついて、1列で舞台を円形や8の字などに動いたり、塔を飛び越したりする。

ビューと風の強さを感じられるBGMを用意するとよい。

先生	強い風が吹いてきたぞ。しっかり飛べ！
生徒たち	マジャー！

生徒たちは、前後や左右に体をゆらし、合わせて片足を上げるなど動作をしながら進む。

先生	高い塔を飛び越すぞ！
生徒たち	マジャー！

生徒たちはジャンプする。

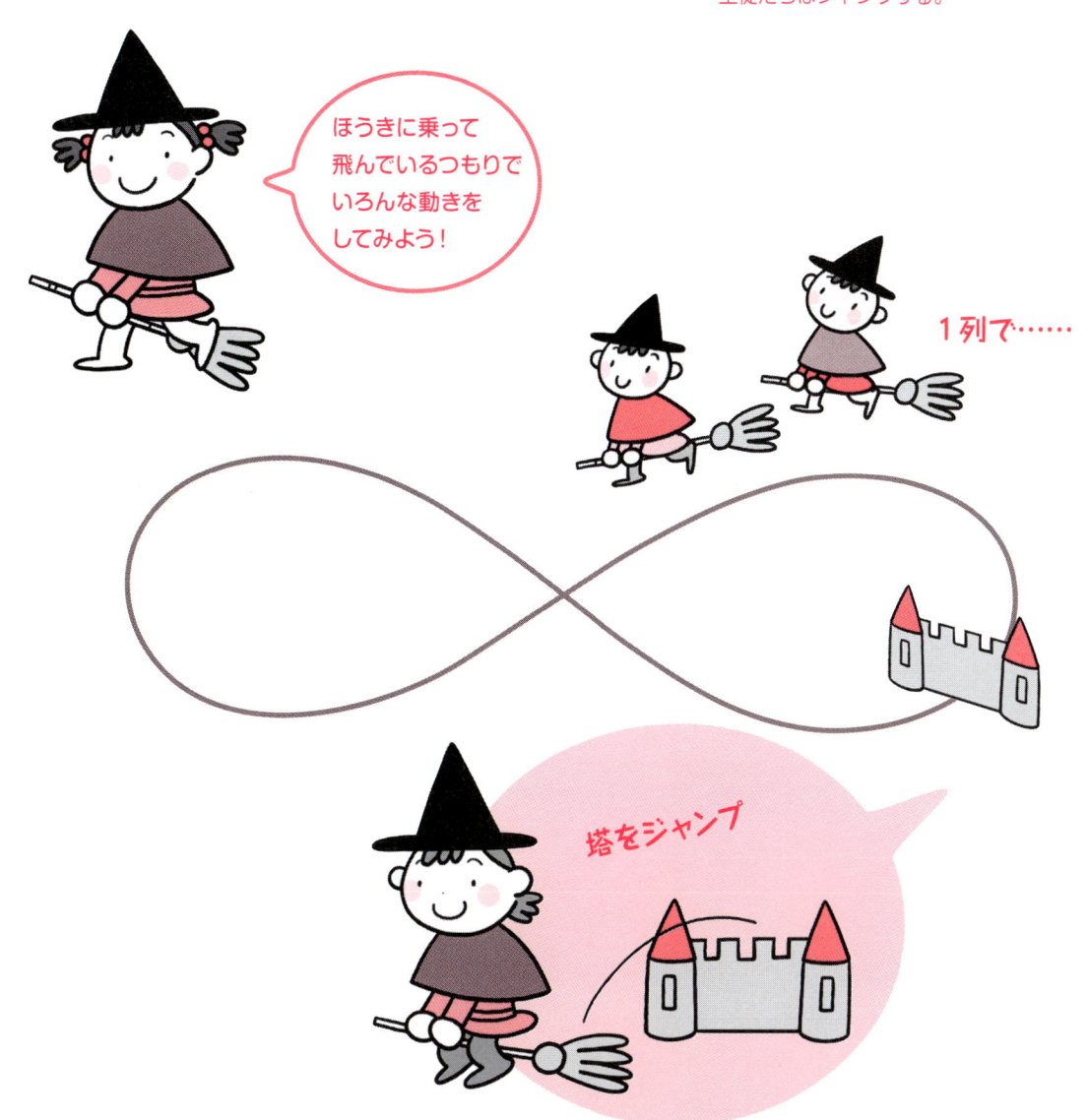

ほうきに乗って飛んでいるつもりでいろんな動きをしてみよう！

1列で……

塔をジャンプ

67

④

ナレーター	みんなは無事、魔法タウンに飛んできました。
先生	よしっ、魔法タウンに着陸！
生徒たち	マジャー！

生徒たちはほうきを手に持って、
それぞれ着地ポーズを決める。
炎の魔女が現れる。

炎の魔女	ほっ　ほっ　ほっ、よく来たな、魔法使いの卵たち。
生徒たち	あっ、炎の魔女！
炎の魔女	わたしの炎の魔法の力を見よ。炎よ、燃え上がれー！

炎の魔女は、炎を振り回す。

---

⑤

先生	よし、炎をしずめる呪文を唱えるんだ！
生徒たち	マジャー！ あかまじょ　あおまじょ きまじょ　くろまじょ！
炎の魔女	うむむ、水の魔法だな！

生徒たちは、呪文を唱えながら舞台袖から
引き出した水の帯を広げていく。水の流れる
音のＢＧＭなどを流すとよい。
魔女は炎をだんだん下げて、最後に舞台袖に
投げ出す。

ナレーター	みんなの魔法の力で、魔女の炎は消えてしまいました。

水の帯を舞台袖に引っ込める。

⑥

炎の魔女　　よくも炎の魔法をやぶったな！
　　　　　　もう怒ったぞ！
　　　　　　魔物たちよー、飛んでこい！！

先生　　　　魔法のほうきで、たたき落とすのじゃ！

生徒たち　　マジャー！
　　　　　　みんな、がんばろう！

舞台袖から魔物をポンポンと投げ上げ、
それを生徒たちがほうきでたたき落とし、
舞台袖に掃き出してしまう。

---

⑦

炎の魔女　　もうもう、ゆるさーーーん！
　　　　　　炎のドラゴンに変身！

魔女は舞台袖に一度下がって、赤い布を
かぶり、ドラゴンの後ろに隠れるように
しながら、ドラゴンを押し出す。

ナレーター　たいへんです！　炎の魔女が魔法で
　　　　　　おそろしいドラゴンに変身しました。

炎の魔女　　さあ、ちびたちめ、踏みつぶしてやるぞ！
　　　　　　ガオオオー！　グオーーー！

先生　　　　みんな、逃げるんだ！

生徒たち　　わたしたち、ぼくたち、逃げません。
　　　　　　みんな、ドラゴンを岩に変える呪文を
　　　　　　唱えよう！

⑧

先生　　　みんなには、まだ無理だ！　逃げるんだ！

生徒たち　いいえ、みんなで魔法タウンを守ります！
　　　　　せーの、
　　　　　「まほうの　ほうほう　ふくろう　ほうほう
　　　　　まんげつ　しんげつ　クロワッサン
　　　　　かぼちゃに　ドラゴン　りんごに　リボン
　　　　　カピラン　パピラン　ルッコラ　ヤッコラ
　　　　　せんねん　まんねん　ウーダノ　パシャラン！」

炎の魔女　わあ、やめろーーー！

呪文を唱えながらみんなでドラゴンを囲んで、
先生は岩の紙をドラゴンにはりつける。
炎の魔女は舞台袖に引っ込む。
岩の紙のかわりに、灰色の布をかぶせてもよい。

⑨

ナレーター　みんなの魔法の力で、炎のドラゴンは
　　　　　　岩になってしまいました。

生徒たち　わーい、やったーーー！
　　　　　魔法タウンの平和を、みんなで守ったよ！

先生　　　みんな、よくやった！
　　　　　さあ、岩を炎の魔女の国に追い返そう。

生徒たち　マジャー！

生徒たちはほうきを振る。
ドラゴンを舞台袖に引っ込める。

70

⑩

先生	みんな、よくがんばったので、勇敢な魔法使いのしるしにペンダントを授けよう。
生徒たち	わーい！

ファンタジックなＢＧＭを流し、先生は生徒たちにペンダントをかけてあげる。

先生	みんな、立派な魔法使いになるのだぞ。

先生の言葉を合図に、A、B、Cのチームが交代で進み出て、言葉とともにポーズを決める。

生徒A	魔法の勉強、がんばりまーす！

足を横に開き、ほうきを両手で持って、頭上に上げる。

生徒B	魔法をみんなのために使いまーす！

片ひざを立てて、右手を前に出す。

生徒C	魔法って、すてき！

帽子を片手で持ってポーズ！

軽快なBGM。
生徒たちは舞台に広がって、フィナーレ。

生徒全員	これからもがんばろう。 オーーーー！

ほうきを高く突き上げる。

ナレーター	それから生徒たちは、もっともっとがんばって魔法の勉強をしたんですって。めでたし、めでたし。

著者紹介

製作物アイデア・構成　山本和子
東洋英和女学院短期大学保育科卒業。童話作家。書籍、月刊誌、紙芝居等で活躍するとともに、工作案、製作も手がける。著書に『おばけのなつやすみ』（ＰＨＰ研究所）、『おばけ大集合』『忍者大集合』（チャイルド本社）、絵本の翻訳に『ちきゅうのためにできる10のこと』『わたしのやさしいいちにち』（チャイルド本社）などがある。

製作・イラスト　あさいかなえ
武蔵野美術大学視覚伝達デザイン学科卒業。株式会社サンエックスのキャラクターデザイナーを経てフリー。粘土で作る立体イラストと平面イラストの両分野で活躍中。著書に『おばけ大集合』『忍者大集合』（チャイルド本社）がある。
http://www.jade.dti.ne.jp/~asai/

- ●製作物アイデア・構成／山本和子
- ●製作・イラスト／あさいかなえ
- ●ブックデザイン／小林峰子
- ●撮影／竹中博信（スタジオエッグ）
- ●モデル／池内葉月、大川更紗、加藤璃乃、関口遼太、福田七聖、古谷聖太（ジョビィ・キッズ）
- ●本文校正／中村孝志
- ●編集協力／大久保徳久子
- ●編集担当／石山哲郎、平山滋子、西岡育子

ごっこ遊び大集合　なりきって遊んじゃおう！
2010年4月　初版第1刷発行

著者／山本和子、あさいかなえ
©Kazuko Yamamoto , Kanae Asai 2010
発行人／浅香俊二
発行所／株式会社チャイルド本社
〒112-8512　東京都文京区小石川5-24-21
電話／03-3813-2141（営業）03-3813-9445（編集）
振替／00100-4-38410
印刷所／共同印刷株式会社
製本所／一色製本株式会社
ISBN978-4-8054-0160-6
NDC376　25.7×21.0　72P

乱丁・落丁はお取り替えいたします。
本書の内容の一部あるいは全部を無断で複写複製することは、法律で認められた場合を除き、著作権者及び出版社の権利の侵害となりますので、その場合は予め小社あて許諾を求めください。

チャイルド本社ホームページアドレス　http://www.childbook.co.jp/
チャイルドブックや保育図書の情報が盛りだくさん。どうぞご利用ください。

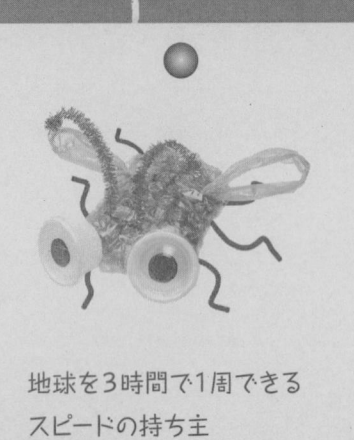

地球を3時間で1周できる
スピードの持ち主

ビニールシートの上を泳ぐのが
好き。えさはビー玉

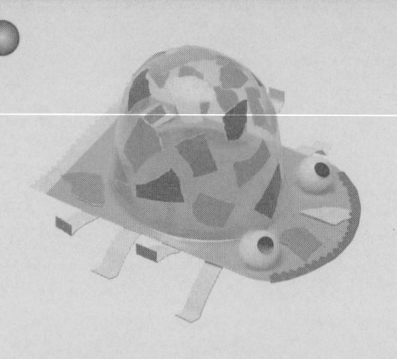

氷の上を滑っているのをよく
見かける。スピンも得意

好物は、すっぱい飲み物。全身に
しみ込ませてエネルギーに変える

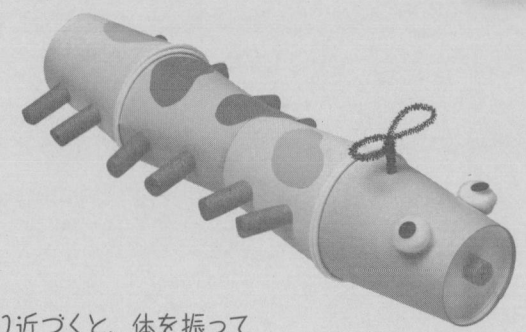

うっかり近づくと、体を振って
パコパコと警戒音を出す